DIE REIHE
Archivbilder

WENTORF BEI HAMBURG

Die Wentorfer Mühle war früher einmal Wahrzeichen der ländlichen Gemeinde. Sie wurde 1873 von dem Müller August Höppner errichtet und 1962 abgerissen. Die Holländerkornmühle stand an der Chaussee nach Bergedorf (heutige B 207) zwischen Höppnerallee und Mühlenstraße.

DIE REIHE
Archivbilder

Wentorf bei Hamburg

Hildegard Ballerstedt, Wolfgang Blandow, William Boehart

SUTTON
VERLAG

Sutton Verlag GmbH
Hochheimer Straße 59
99094 Erfurt
http://www.suttonverlag.de

ISBN 978-3-89702-925-5

Druck: Books on Demand GmbH, Norderstedt, Deutschland

Umschlagbild: Anlässlich des 50. Jubiläums der Wentorfer Liedertafel 1930 fand ein Umzug durch das Dorf statt.

Das Foto aus dem Jahre 1906 zeigt Hilda Schmitt hoch zu Ross vor ihrer Villa in Wentorf, heute Am Sachsenberg 7. Damals verbrachten wohlhabende Hamburger gern die Sommermonate in ihren Häusern und großen Parks, die um die Jahrhundertwende in dem landschaftlich besonders schönen Norden Wentorfs in der Nähe der Bille entstanden waren.

Inhaltsverzeichnis

Der Ortskern aus der Luft, um 1965. In der Ortsmitte sind die Spuren der Nachkriegsbebauung zu sehen, im Süden erkennt man das Kasernengelände.

Einführung

Die Nähe zur Großstadt Hamburg prägt die Entwicklung der Gemeinde Wentorf seit über 150 Jahren maßgeblich. Die Urbanisierung der Region, vorangetrieben durch die neuen Verkehrsträger Eisenbahn und Kraftfahrzeug, leistete einer wirtschaftlichen, sozialen und politischen Dynamik Vorschub, die bis heute unvermindert anhält. 1838 wurde ein Teilabschnitt der Hamburg-Berliner Chaussee in Wentorf dem Verkehr übergeben und 1846 der Reinbeker Bahnhof an der Strecke Hamburg–Berlin eröffnet. Mit den neuen Verkehrswegen wurde das Dorf in die Region Hamburg enger eingebunden. Im Norden des Ortes – an den landschaftlich reizvollen, hügeligen Ufern der Bille – entstand nach 1860 ein Villenviertel, in dem sich vorwiegend wohlhabende Hamburger Kaufleute niederließen. Der Wunsch nach dem „Wohnen im Grünen" war die Triebfeder der neuen Ansiedler, die in das Dreieck zwischen dem Hamburger Ortsteil Bergedorf und der stormarnischen Gemeinde Reinbek zogen.

1880 lebten knapp 350 Menschen im beschaulichen Bauerndorf Wentorf. Im Jahr 2005 hat die moderne Vorortgemeinde fast 12.000 Einwohner. Die Siedlungsentwicklung verlief nicht gleichmäßig. Der ersten Zuzugswelle der Villenbewohner folgten zu Beginn des 20. Jahrhunderts Handwerker und Arbeiter, die im Ort und in den Industriebetrieben Bergedorfs Arbeit fanden. Die Struktur des Bauerndorfes um den historischen Dorfanger (heute Hauptstraße) begann sich allmählich zu verändern. Eine neue Epoche der Ortsgeschichte wurde 1936/37 eingeleitet, als Kasernen auf einem über 50 Hektar großen Areal entlang der Chaussee errichtet wurden. Ihr Bau war der Anfang vom Ende des Bauerndorfes. Der Ort hatte sich in einen Garnisonsstandort verwandelt. Zu den damals rund 2.200 Einwohnern kamen nunmehr etwa 1.500 Wehrmachtssoldaten.

Der Zweite Weltkrieg bedeutete auch für Wentorf eine deutliche Zäsur in der Ortsgeschichte. 1943 strömten ausgebombte Hamburger in das Umland. Bei Kriegsende fluteten Millionen Flüchtlinge aus dem Osten in den Westen Deutschlands. Auch Wentorf erlebte diese moderne „Völkerwanderung" hautnah. Die Einwohnerzahl verdoppelte sich. In der Kasernenanlage lebten zwischen 1945 und 1952 so genannte Displaced Persons, ehemalige Zwangsarbeiter und andere Osteuropäer, anschließend bis 1960 Flüchtlinge aus der SBZ (Sowjetische Besatzungszone) und Spätaussiedler aus Polen. Wentorf beherbergte zeitweise mit etwa 10.000 Bewohnern das größte Flüchtlingslager der Bundesrepublik. Im Oktober 1960 zog die Bundeswehr in die Kasernen ein. Wentorf war damit wieder Garnisonsstandort.

Das ehemalige Bauerndorf erfuhr damit einen gewaltigen Wandel. Die alten Bauernhäuser verschwanden nach und nach. Moderne Geschäfts- und Wohnbauten entstanden, die das Gesicht des Dorfes endgültig zu einer Vorortgemeinde der Großstadt umgestalteten. Heute erinnert kaum etwas an die bäuerliche Vergangenheit Wentorfs – abgesehen von einem Hof, der noch bewirtschaftet wird.

Ein Bildband kann und will nicht die ganze Geschichte Wentorfs erzählen. Seine Aufgabe besteht darin, sie schlaglichtartig sichtbar zu machen. Die circa 230 Aufnahmen aus dem Zeitraum zwischen etwa 1900 und 1980 stellen die Menschen und die baulichen Veränderungen in den Vordergrund. Die Fotografien zeigen Wentorfer Bürger im Ortsbild, bei der Arbeit, in der Freizeit und in den Vereinen. Gesonderte Kapitel sind dem Leben im Villenviertel, im Bauerndorf und in den Kasernen gewidmet.

Die Fotografien im vorliegenden Buch entstammen überwiegend der Sammlung des Bürgervereins Wentorf e. V. und den Beständen des Gemeindearchivs Wentorf. Außerdem stellten örtliche Vereine und Privatpersonen wertvolle Bilddokumente zur Verfügung. Eine weitere wichtige Quelle war die Fotosammlung des Fotografen Egon Klebe (Bergedorfer Zeitung), die im Museum für Bergedorf und die Vierlande in Bergedorf verwahrt wird. Seine Aufnahmen aus den Fünfziger- und Sechzigerjahren des vorigen Jahrhunderts geben Einblicke in den Wandel nach dem Zweiten Weltkrieg. Bei allen Helfern möchten wir uns bedanken.

Mögen unsere Leserinnen und Leser ihre Freude auf der Entdeckungsreise durch die jüngere Ortsgeschichte Wentorfs haben. Die Bilder machen neugierig auf das, was war und die Gegenwart geprägt hat.

Wentorf, im November 2005
Hildegard Ballerstedt – Wolfgang Blandow – William Boehart

Bildnachweis

Museum für Bergedorf und die Vierlande, Egon-Klebe-Archiv: S. 52, S. 53, S. 55, S. 56, S. 57, S. 58, S. 59, S. 60 o., S. 62 o., S. 63, S. 65, S. 70 u., S. 79 o., S. 86 o., S. 87, S. 88, S. 102 o., S. 103 u., S. 107, S. 109 o., S. 112 u., S. 120, S. 122 u. l., S. 125 u.;

Bürgerverein Wentorf bei Hamburg e. V., Gemeindearchiv Wentorf, Tontaubenklub Sachsenwald e. V., Wentorfer Tennisclub e. V., Sport-Club Wentorf von 1906 e. V., Hamburg-Wentorfer Reiterverein e. V., Kleingärtnerverein Wentorf von 1920 e. V., Wentorfer Bühne e. V., Freiwillige Feuerwehr Wentorf, Niels-Stensen-Haus;

Privatpersonen: Helga Meyer, Ingeborg Voß, Edeltraut Bülow, Liselotte Herrmann, Ellen Kellermann, Wolfgang Blandow, Heidi Grosklos, Heinrich Esther, Jürgen Burmester, Peter Bornhöft, Hanns-Hugo Kiehn, Hans-Hugo Borchers, Willi Borchers, Klaus Knappe, Erich Kann, Inge Reppenhagen, Gertie Kloskowski, Johannes Grüschow jun., Peter Kröger, Hildegard Ballerstedt, Agnes Schulz, Heinrich Querfurt, Helene Paul, Ingeborg Boll, Jörg Clement, Hannelore Bäuch, Sybille Marcks, Marion Schweitzer, Helga Hagen, Thomas Claaßen, Susanne Hänel, Käthe Martens, Günther Feige, Anne Mehlhorn, Ulrike Eckart, Marianne Gruben, Günter Hadwiger, Jürgen Fohrmann, Karl Philippi, Marie-Luise von Bentivegni, Dr. Jan Albers, Dr. Edgar Petersen, Fritz Hausemann, Hans-Heinrich Wiedow, Rudi Wolfhagen, Helge Müller, Jürgen Stein, Margret Zastrow, Ursula Kolbe, Ilse Rix.

1

Das Bauerndorf

In den Jahren 1816/17 wurde auf dem Zollland südlich der Hamburger Chaussee (heute Parkplatz Minimal) ein neues Zolldienstgebäude errichtet, das später um einen Anbau für die Chausseegeldeinnahme und einen Zollrevisionsschuppen erweitert wurde. Das Foto wurde Mitte der 1850er-Jahre aufgenommen. Es zeigt den Zöllner Heinrich Ploog mit Familienangehörigen im Eingangsbereich des Hauses und einige andere Personen. Im Jahr 1983 wurde das „Alte Zollhaus" abgerissen, um für den Neubau eines Verbrauchermarktes Platz zu schaffen.

Das Haus des Hufners Franz Schmidt (früher Ecke Haupt- und Teichstraße) wurde 1862 in Form des niederdeutschen Flettdielenhauses (Einheitshaus) errichtet. Es beherbergte Menschen, Vieh und Ernte unter einem Dach. 1958 brannte es ab. Der bäuerliche Betrieb – der letzte in Wentorf – wurde ausgesiedelt, neue Wohn- und Wirtschaftsgebäude entstanden außerhalb des Ortskerns am Wohltorfer Weg. Das Foto entstand Anfang des 20. Jahrhunderts.

Einer der letzten Zeugen des alten Bauerndorfes war die reetgedeckte Kate der Deputatarbeiter und Tagelöhner auf der ehemaligen Hofstelle des Hufners und Gastwirts Heinrich Wilcke (genannt Kohl'sche Kate). Das Haus stand unmittelbar neben der derzeitigen Grundschule, bevor es 1978 einem Brand zum Opfer fiel. Der kleine Fachwerkbau enthielt zwei Wohnungen sowie einen Wirtschaftsteil mit Diele, Stallungen und Koben. Das Foto entstand in den Fünfzigerjahren.

Das Haus des Hufners Christoph Lindemann wurde 1893 nach einem Brand neu errichtet. Es stand an der Stelle des 1970 gebauten Wohnhauskomplexes Hauptstraße 17. In Wentorf gab es ursprünglich 15 bäuerliche Betriebe: einen $1\frac{1}{2}$- Hufner, acht Vollhufner, zwei $\frac{3}{4}$- Hufner und vier Kätner (eine Hufe = 48 Hektar, eine Kate = 16 Hektar). Bis etwa 1960 hatten alle Bauern – bis auf die Bauern des heute noch existierenden Hofes Schmidt (Wohltorfer Weg) – die Landwirtschaft aufgegeben. Foto aus den Fünfzigerjahren.

Der Hof des Kätners Heinrich Hinz an der Hauptstraße 1–3. Nach dem Abriss 1979 entstand dort der Aldi-Markt (heute „Golfino"). 1936 ließ sich in einem Teil des Hauses die erste Sparkasse in Wentorf nieder (Schwarzenbeker Verbandssparkasse). Foto aus den Sechzigerjahren.

Vor der Kohl'schen Kate versorgt Elli Eggert ihre Wirtschaft. Foto aus den Fünfziger- oder Sechzigerjahren (siehe auch Seite 10 unten).

Am Südhang des Burgberges stand bis 1918 – knapp vor dem Hohlweg zum Altenheim – die über 100-jährige Rauchkate des Kätners Johann Haberland. Vorn links erkennt man den „Tünkensod" (Dorfbrunnen) mit Frau Kann (geborene Tiedemann). Wegen seiner hervorragenden Qualität wurde das Brunnenwasser von Bäckern und Dorfbewohnern gern zum Brotbacken und Kochen verwendet. Foto von etwa 1900.

Herbert und Otto Steffens sowie „Opa Otto" mit dem Selbstbinder bei der Getreideernte. Der Hof Steffens ist die heutige Post in der Hauptstraße 15. Foto um 1935.

Der Wentorfer Fritz Fohrmann (oben) – ein rechter „Draufgänger“ – war ausgebildeter Flieger im Ersten Weltkrieg. Auf einem planmäßigen Flug von Hildesheim nach Braunschweig erlaubte er sich einen kleinen Abstecher und landete auf einer Wiese am Wohltorfer Weg. Seine Absicht: Er wollte seiner Mutter zum Geburtstag gratulieren. Leider hatte er nicht mehr ausreichend Treibstoff für den Weiterflug, sodass der Vater – Tischlermeister Otto Fohrmann – mit Pferd und Wagen aus Fuhlsbüttel Nachschub holen musste. Foto von 1917/18.

1925 errichtete man zur Erinnerung an die 49 im Ersten Weltkrieg gefallenen Wentorfer Bürger ein Ehrenmal an der Stelle der ehemaligen Hirtenkate auf dem so genannten „Schlossberg“. Die erforderlichen Mittel wurden aus allen Kreisen der Bevölkerung gespendet, die zum Bau benötigten Steine in der Feldmark gesammelt. Nach 1945 wurde die Inschrift für die Toten des Zweiten Weltkrieges ergänzt. Der Zeppelin wurde in das Bild hineinmontiert. Foto von 1930.

In der Regel wurden die Kühe zum Melken in den Stall getrieben. Auf weitab liegenden Weiden musste allerdings vor Ort gemolken werden. Beim Ziehen des Milchkarrens hatte sich die treue Senta von Otto Steffens ordentlich ins Zeug zu legen. Foto um 1900.

Die so genannten Altenteiler vor Kätner Otto Steffens Haus (heute Post, Hauptstraße 15) bei einem gemütlichen Plausch. Von links: Frau Höltig, Frau Guthardt, Herr Guthardt, Frau Steffens, Bauer Steffens, Bauer Höltig und Gärtner Odemann. Foto aus den Dreißigerjahren.

Der 3/4-Hufner Johann Heinrich Friedrich Kiehn (1857–1917) entschloss sich 1896, seine Wirtschaft zu „modernisieren“ (heute Reinbeker Weg 55). Er ließ sein baufälliges Fachwerkhaus abreißen und errichtete für etwa 25.000 Mark neue Wohn- und Wirtschaftsgebäude, eine Scheune mit Wagenschauer, einen Schweinestall und ein Backhaus. Das Bild zeigt den Kiehn'schen Hof vom Löschteich aus gesehen in den Fünfzigerjahren.

Der Sohn und Hoferbe Hugo Caesar Kiehn. Es war ein gewohntes Bild, den freundlichen Mann nach verrichteter Arbeit auf seinen Gartenzaun oder die Eingangspforte gelehnt anzutreffen, bereit zu einem Klönschnack. Foto aus den Fünfzigerjahren.

Der Hof des Hufners Remi Schmidt (ursprünglich am Wischhoff/Ecke Hauptstraße) wurde nach einem Brand außerhalb des Dorfbereichs in den 1880er-Jahren an der Hamburger Landstraße neu aufgebaut. 1892 kaufte Willy Klühn den Hof, der 1936 den Kasernenbauten weichen musste. Erhalten blieb bis heute die Altenteilerkate von R. Schmidt, die heutige „Alte 16". Das Foto entstand vermutlich in den Zwanzigerjahren.

Der Hoferbe Ewald Klühn und Helfer beim Dreschen. Der Dreschkasten wurde von einem Verleiher aus Reinbek zur Verfügung gestellt. Wentorfer Bauern konnten sich kaum eigene landwirtschaftliche Großgeräte leisten. Foto um 1925.

Der Fuhrmann Hans Haß, dem die Müllabfuhr oblag, bei der Arbeit an seiner Rübenmiete. Er betrieb am Wohltorfer Weg auch eine kleine Landwirtschaft. Foto um 1960.

Das größte bäuerliche Anwesen in Wentorf gehörte dem $1^1/_2$-Hufner Friedrich Gross (später Petersen) und lag an der Hamburger Landstraße (heute etwa Nr. 33). Nachdem sein ursprünglicher Hof im Dorfbereich (heute Hauptstraße 5, Bäckerei Flindt) 1911 nach einem Blitzschlag abgebrannt war, errichtete er seinen neuen Wirtschaftshof aufwändig im Stil der Reformarchitektur. Sämtliche Gebäude wurden 1978 abgebrochen, die Ländereien verkauft.

Die Rückseite der Hofanlage von der Hauskoppel aus gesehen. Beide Fotos entstanden in den Zwanzigerjahren.

Seiner Funktion als Zollhaus seit 1868 enthoben, verwandelte sich das alte Haus mit dem Anbau eines Tanzsalons (von 1882) und einer einladenden Veranda (von 1897) in den Gasthof „Zum Alten Zollhaus", der für die Wentorfer Mittelpunkt der Geselligkeit wurde. Sämtliche Vereine und Klubs trafen sich hier bei Gastwirt Heinrich Heitmann, z. B. der Gesangverein, der Brieftauben- und Pfeifenclub, die Feuerwehr sowie Schulen, Sportler, Ringreiter usw. Es stand auf dem heutigen Parkplatz von Minimal an der Hamburger Landstraße und wurde 1983 abgerissen. Foto um 1900.

Fast nebenan, d. h. um die Ecke an der Berliner Landstraße 2, stand ein weiteres Wirtshaus: „Zum Alten Gasthof", betrieben seit den Zwanzigerjahren von dem Schmiedemeister Otto Voss. An das Gasthaus schloss sich unmittelbar seine Schmiedewerkstatt an, deren Esse erst im Jahre 1959 erkaltete. Heute befindet sich hier das „Café Meyer". Foto von 1946.

Der Krämer Carl Borchers (1868–1945), genannt „Jöö“, versorgte in seinem Colonialwaren- und Spirituosen-Geschäft die Wentorfer mit allem, was sie zum täglichen Leben brauchten – auch mit Neuigkeiten und Klatsch. Wentorfs ältestes Haus wurde 1784 als Brinkkate erbaut und 1971 im Zuge der Verbreiterung der B 207 und der Einmündung der Hauptstraße in die B 207 abgerissen. Es stand auf dem heutigen Parkplatz des Edekageschäftes Kröger. Zu sehen ist Carl Borchers mit seinen Kindern Hugo und Mariechen. Foto von 1910.

Nachdem 1908 der Hof des Hufners und Gastwirts Heinrich Wilke abgebrannt war, entstand an der Stelle die Gaststätte „Zum Landhaus“, die in den Zwanzigerjahren von Frieda Heydt und 1949 von Familie Schuchmann übernommen wurde. Das Haus stand an der Hauptstraße auf dem gemeindeeigenen Parkplatz und wurde 1988 abgerissen. Foto aus den Dreißigerjahren.

Nach dem Ende des Zweiten Weltkrieges fuhr man den Mist nun auf Fuhrwerken mit gummibereiften Rädern auf die Felder. Unterwegs auf der Hauptstraße ist Hans Haß. Links im Hintergrund steht das stattliche Hofgebäude von Helmut Kiehn, das 1972 einem Feuer zum Opfer fiel. Heute befindet sich dort das Rathaus. Rechts davon ist die Alte Schule und ein Neubau an der Teichstraße zu sehen. Foto vom Anfang der Sechzigerjahre.

Vor dem Neubau steht auf dem Hof von Dorothea Kock (geborene Niemann) noch die alte Scheune. Links im Bild sieht man Erich Möller sen., der 1940 den Hof übernahm. Seine Mütze zeichnet ihn als Hansaschüler aus (Reinbeker Weg 76). Foto von 1909.

2

Das Wentorfer Villenviertel

Die „Villa Miraflores" des Überseekaufmanns Eduard Fellmer (1852–1924) wurde 1913/14 im Stil des Neobarocks erbaut. 1934 erwarb die Gemeinde Wentorf unter den Nationalsozialisten das Anwesen mit seinem Park von 20.000 Quadratmetern Größe zu einem verordneten niedrigen Preis von 30.000 Mark unter Protest der Erben Fellmers. Es wurde bis 1989 als Rathaus genutzt. Nach teilweiser Zerstörung in Folge von Brandstiftung wurde es 1992 an einen privaten Nutzer verkauft und weitgehend in seinem Originalzustand wieder hergestellt. Foto aus den Zwanzigerjahren.

Familie Philippi (Bankiers) bei einer Bootsfahrt auf der Bille, um 1900. Damals hatten sich wohlhabende Hamburger Familien an den hügeligen und bewaldeten Ufern der Bille angesiedelt. Dazu gehörten bekannte Namen wie Sieveking, Petersen, Lorenz-Meyer usw. Die gute seit 1846 bestehende Bahnverbindung Hamburg–Berlin und die Nähe des Bahnhofs Reinbek begünstigten diese Entwicklung. Zudem waren die Wentorfer Bauern froh, das für den Ackerbau unbrauchbare Gelände verkaufen zu können. Der Ortsteil „Neu-Wentorf" mit seinen Villen entstand.

Hochzeitsfeier am 27. August 1910 bei Familie Emil-G. Schmitt im „Haus Sachsenberg" (heute Am Sachsenberg 7).

Durch eine Bürgerinitiative, verbunden mit reichlichen Spenden der Ansiedler im Wentorfer Villenviertel, entstand eine Badeanstalt an der Bille – mit Umkleidekabinen, Sprungbrett und Badeaufsicht bzw. Schwimmlehrer. Die Einrichtung existierte bis 1939 – der Bademeister musste in den Krieg ziehen. Die Badeanstalt lag in der Verlängerung der heutigen Reinhardtallee. Foto aus den Dreißigerjahren.

Badenixen in der Badeanstalt an der Bille, um 1915/16. Von links: Grete und Clara Hausemann, die Tochter der Familie Alfeis und die Tochter von Pastor Fries aus Reinbek.

Heinrich Rieck (1852–1928) und seine Frau. Der aus den Vierlanden stammende Gemüseanbauer gründete und führte ein bedeutendes Im- und Exportunternehmen in Hamburg. Er ließ für sich und seine Familie mit sechs Kindern eine der schönsten Villen am Billeweg bauen – auf den „sauren Wiesen“, die seine Frau Minna (geborene Kiehn, 1863–1946, eine Wentorfer Bauerntochter) geerbt hatte. Foto um 1900.

Rudolf Petersen (1878–1962) mit seinem Enkelkind im Garten. Petersen war Schwiegersohn des Oberlandesgerichtspräsidenten Dr. Ernst F. Sieveking (1836–1909), der als einer der ersten Ansiedler im Wentorfer Villenviertel 1881 eine Sommervilla hoch oben am Sachsenberg (Reinbeker Weg 1) für sich errichtete (1968 abgerissen). Petersen selbst stammte ebenfalls aus einer traditionsreichen Hamburger Familie, die mehrere Bürgermeister stellte. Auch er wurde Hamburgs Bürgermeister – eingesetzt von den Briten unmittelbar nach Kriegsende. Bis zu seinem Tod lebte er in Wentorf. Foto um 1938.

Kinderspiele damals: Zum Appell angetreten vor der Villa von Eduard L. Lorenz-Meyer („Haus Billhoop“ am Sachsenberg 4) waren 1904 elf Rekruten (gestellt von Kindern aus dem Dorf), zwei Fähnriche und zwei Offiziere (Albrecht L. Lorenz-Meyer mit einem Gast aus Übersee) sowie Meldehund Purzel.

In schneidiger Uniform stellte sich Georg Hadwiger samt Adler-Limousine dem Fotografen. Er war Privatchauffeur im Hause Friedrich Clarfeld – Villa „Haus Lichtenfels“, erbaut 1903 an der Golfstraße 1. Foto von Mitte der Dreißigerjahre.

Familienidyll in der Villa „Haus Sachsenberg" (Am Sachsenberg 7). Im Hintergrund erkennt man das Ehepaar Emil Schmitt und vorn Tochter Hilda mit ihrer englischen Gouvernante. Foto um 1900.

Der Blumenkorso auf dem Wentorf-Reinbeker Mühlenteich, bei dem festlich geschmückte Boote miteinander wetteiferten, fand alljährlich statt. Der Bootsführer war Gerhart Rettmeyer. Foto aus den Zwanzigerjahren.

Die Gartenansicht der Villa Johannes Mewes, Heckenweg 10. Das Haus wurde 1925 im Norddeutschen Stil in Klinkerbauweise errichtet (siehe auch Seite 30 oben).

Das Haus „Weltevreden" – auch „Klein Sanssouci" genannt – diente der Familie George Fester als Sommerresidenz. Es wurde 1914 erbaut und 1921 durch den Architekten William Rzekonski erweitert. Der dazugehörige Park (zehn Hektar groß) war mit einem Schwimmbad und einem Tennisplatz ausgestattet. 1937 wurde das Anwesen zu einem Spottpreis an die Nationalsozialistische Volkswohlfahrt e. V. (NSV) verkauft und als Müttererholungsheim genutzt. Heute beherbergt es eine Internatsschule für sprachbehinderte Kinder (Golfstraße 5). Foto aus den Zwanzigerjahren (siehe auch Seite 30 unten).

In Villengärten legte man großen Wert auf schön gestaltete Nebengebäude. Die Aufnahme zeigt das ehemalige Taubenhaus des Reeders Johannes Mewes, der sich sein Haus 1925 am Heckenweg 10 erbaute. Der Garten wurde inzwischen parzelliert, das hübsche Häuschen mit seinem Dach aus Metallschindeln blieb erhalten (siehe auch Seite 29 oben).

Das mit einer Rosenpergola umgebene Schwimmbad mit dem Badepavillon im Park von Haus „Weltevreden“ an der Golfstraße 5. Heute ist es ein Karpfenteich. Foto aus den Zwanzigerjahren.

„Villa Clara“ (Am Mühlenteich 2, Baujahr 1892/1993, Bauherr Jacob Kaiser) zeigt eine klassizistische Formensprache. Rechts im Hintergrund sieht man das „Haus Billhoop“ (Am Sachsenberg 4). Ansichtskarte von 1903.

„Haus Billhoop“ ist ein Beispiel für den so genannten Hamburger Heimatstil, der deutliche Elemente des niedersächsischen Bauernhauses aufnimmt, d. h. Backstein, Fachwerk und unterteilte Fenster. Es wurde 1895/96 von Eduard Lorenz Lorenz-Meyer errichtet; Architekt war Martin Haller (Am Sachsenberg 4). Foto von 1938.

Blick vom Reinbeker Bahnhof/Schloßstraße auf die ältesten Gebäude des Wentorfer Villenviertels, die alle um 1870 errichtet wurden. Von links erkennt man das „Hotel Nancythal", das Haus Heckenweg 9 (Minch/Köhn), das „Hotel Karlshöhe" und das Haus Heckenweg 1 (von Alten). Alle Häuser wurden zwischen 1970 und 1982 abgerissen und auf den Grundstücken Wohnanlagen errichtet. Das Foto entstand um 1880, evtl. früher.

Die 1897/98 für den Direktor der Nagelfabrik in Bergedorf erbaute Villa (Obere Bahnstraße 5) besaß ein besonders schönes Dachtragwerk und eine dekorative Balkoneinfassung. Das Foto entstand vermutlich in den Zwanzigerjahren.

Kachelofen mit Jugendstilelementen, 1906.

Das Treppenhaus der „Villa Augusta“, 1898.

Eine Jugendstil-Haustür, 1904.

Bleiglasfenster im Jugendstil, 1904.

Das „Landhaus Birkeneck“ wurde 1910 von Direktor Wilhelm Wolfhagen am Hohlen Weg 16 erbaut. Zum Anwesen gehörte ein wunderschön gestalteter Park von 27.000 Quadratmetern Größe mit einem Schwanenteich. Etwa 1935 erwarb die NSDAP das Anwesen. Als Luftschutzschule diente es der Ausbildung von Luftschutzwarten. 1972 wurde es abgerissen, um dem Wentorfer Gymnasium Platz zu machen. Foto um 1912.

Die Eingangshalle im „Landhaus Birkeneck“ am Hohlen Weg 16 war im Stile der Neorenaissance bzw. altdeutsch gestaltet. Foto um 1912.

Das Herrenzimmer im Hause Lotz, Reinhardtallee 11. Foto von 1936.

Die Küche in der „Villa Robert“, Golfstraße 7. Foto um 1920.

Der Haidberg mit dem Sportplatz (Ecke Am Haidberg/Bergedorfer Weg). Erwin Jacobs (später Wirt der „Karlsburg" am Reinbeker Weg 18) kümmert sich hier fürsorglich um Grete Kiehn, Tochter des Zimmermanns W. Kiehn am Reinbeker Weg 19. Foto um 1916.

Die Rieck'sche Billebrücke (Privatbesitz), die Reinbek und Wentorf verband, an der Oberen Bahnstraße. Im Hintergrund erkennt man die „Villa Rieck" am Billeweg. Foto um 1900.

Blick über die Bahnschienen auf die Obere Bahnstraße mit Villen im Billewinkel. Im Hintergrund rechts ist das Krankenhaus St.-Adolf-Stift zu sehen. Foto von 1909.

Das „Haus Lichtenfels" (Baujahr 1903) wurde von dem Überseekaufmann Friedrich W. Clarfeld 1907 erworben und bis etwa 1936 von ihm und seiner Familie bewohnt. Es wurde 1937 zu einem Schleuderpreis von 65.000 Mark unter Druck an die Nationalsozialistische Volkswohlfahrt e.V. verkauft, die eine Gauschule einrichtete, um ihre Mitglieder „weltanschaulich" zu schulen. Nach dem Krieg beherbergte es ein Erholungsheim für ehemalige KZ-Häftlinge und eine Gehschule, heute ein Altersheim. Zum Anwesen gehörten aufwändig gestaltete Nebengebäude und ein Tennisplatz. Foto aus den Zwanzigerjahren.

Um die Jahrhundertwende 1900 blühte in Wentorf der Ausflugsverkehr. Die schönen Lokale am Bergedorfer Weg konnten die Ausflügler bequem von den Bahnhöfen Bergedorf bzw. Reinbek nach einer Wanderung durch Wald und Flur erreichen. Das „Kurhaus Jägersbronnen" war Mittelpunkt vieler Festlichkeiten in Wentorf. 1969 wurde es abgerissen. Foto aus den Zwanziger- oder Dreißigerjahren.

Die „Marienburg" – heute Jugendzentrum der evangelischen Kirche. Postkarte um 1900.

Um 1900 zählte der Norden Wentorfs mit anderen Billegemeinden zu der „vornehmsten, schönsten und gesundesten und theuersten Sommerfrische Hamburgs", wie der Reisebuchautor A. Trinius 1898 schrieb. Hotels entstanden für die Erholung suchenden Gäste. Das „Hotel Nancythal" (1869 erbaut) am Reinbeker Weg 4 mit einer Brücke, die auf die Reinbeker Schloßstraße führte, wurde 1971 abgerissen und durch eine Wohnanlage ersetzt. Postkarte um 1900.

Das „Hotel Karlshöhe" (1869 erbaut) – später auch bekannt als „Kothes Hotel" – war neben dem Hotelbetrieb Zentrum der Geselligkeit „höherer Kreise" Wentorfs und der Umgebung. Nach dem Kriege, von vielen Flüchtlingen bewohnt, verfiel es, wurde 1973 abgerissen und machte einer Wohnanlage Platz. Foto aus den Zwanzigerjahren.

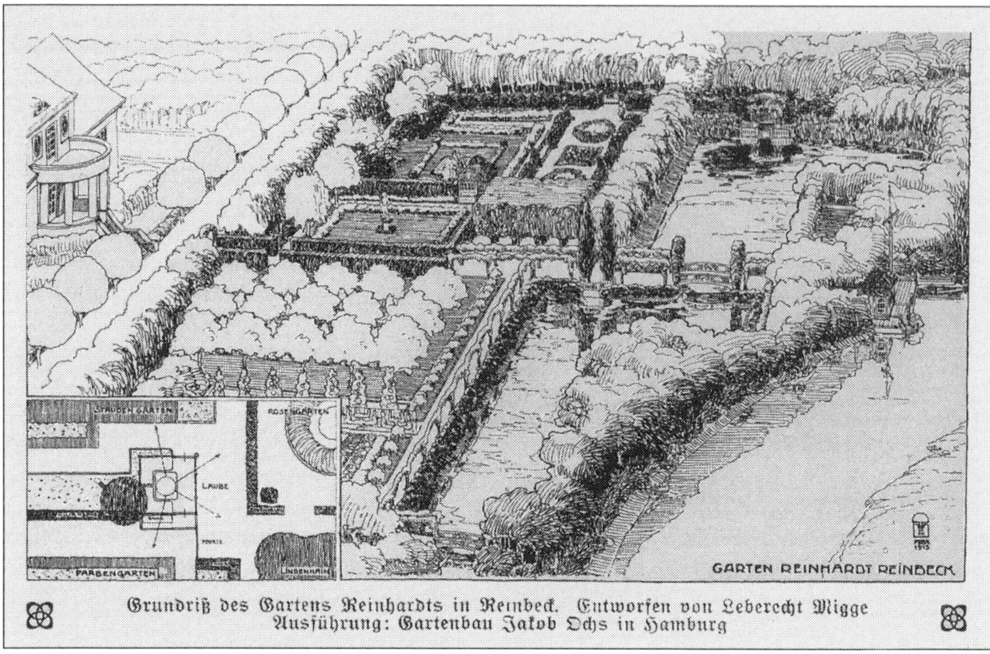

Grundriss des „Gartens Reinhardt" mit den zwei Teichanlagen am Billeweg 27 von 1907. Leberecht Migge entwarf den Garten im Stile der Gartenkunstreform, d. h. in geometrischer Gestaltung. Die Ausführung oblag der Firma Gartenbau Jakob Ochs in Hamburg. Heute sind nur noch die Teiche erhalten.

Der auf dem Plan vorgesehene Bootshafen an der Bille. Foto von etwa 1912/13.

Der Reinbeker Bahnhof, der Wentorf mit der Großstadt Hamburg verband. Schon um 1900 betrug die Fahrzeit nur 30 Minuten von Reinbek nach Hamburg. Foto um 1914.

Der ansehnliche Bahnhofskiosk von Bruno Reder, der immer eine hervorragende Zigarrenauswahl bereitgehalten haben soll. Er existierte von 1905 bis etwa 1930.

Der liebevoll von Minna Rieck (geborene Kiehn) gepflegte Wintergarten mit vielen exotischen Pflanzen in der „Villa Rieck" am Billeweg. Im Zweiten Weltkrieg fielen die Pflanzen dem Mangel an Heizmaterial zum Opfer. Das Foto entstand zwischen 1912 und 1920.

3

Von Soldaten, Displaced Persons und Flüchtlingen

Von 1960 bis 1971 war Wentorf Standort für ein Luftwaffenausbildungsregiment der Bundeswehr. Dass neben dem anstrengenden Dienst noch Zeit für angeregte, fröhliche Gespräche mit der hübschen Wirtin Helga Meyer im „Gasthaus Voss“ blieb, zeigt dieses Bild aus dem Jahr 1969.

Die Wentorfer Bismarck-Kaserne wurde nach knapp zweijähriger Bauzeit im Oktober 1937 an die Wehrmacht übergeben. Am 1. November 1937 rückten die ersten Rekruten in Wentorf ein. Die beiden Fotos zeigen ihr Eintreffen in der Kaserne. Auf dem oberen Bild biegen die ersten Rekruten für das Artillerie-Regiment 20 von Bergedorf kommend bei der heutigen Straße An der Wache auf das Kasernengelände ein. Gegenüber ist das nicht mehr vorhandene Parkwächterhaus am Eingang zum Bergedorfer Gehölz zu sehen. Unmittelbar nach dem Eintreffen fand der erste Appell statt.

Die Bose-Bergmann-Kaserne an der Berliner Landstraße wurde Anfang 1938 an die Wehrmacht übergeben. Am 12. April 1938 fand der festliche Einzug des I. und II. Bataillons sowie des Regimentsstabes des Infanterieregiments 90 statt. Das Foto zeigt motorisierte Einheiten des Regiments in der Hamburger Landstraße.

Das örtliche Begrüßungskomitee bestand aus (von links) Ortsgruppenleiter Otto Fohrmann, Marianne Günzel, Helene Stoffers und Lena Schröder.

Bei der Übergabe der Kaserne an das Infanterie-Regiment erschien hoher Besuch: Der in Wentorf lebende Generalleutnant Max Georg Jung – in der Uniform des wilhelminischen Kaiserreichs – befindet sich hier im Gespräch mit dem Regimentskommandeur. Foto vom 12. April 1938.

Das Foto zeigt eine militärische Zeremonie an einem nationalen Feiertag des NS-Staates auf dem Appell-Platz der Bismarck-Kaserne 1938 oder 1939. Im Hintergrund ist die Wentorfer Mühle an der noch weitgehend unbebauten Höppnerallee zu sehen.

Bis 1945 hatten die Kompaniefeldwebel ihre Wohnungen in den Kasernenblocks. Das Foto aus dem Jahr 1941 zeigt die Weihnachtsfeier, die Hauptfeldwebel Fritz Radtke in seinem Wohnzimmer für die Gruppenführer der Kompanie ausrichtete. Links auf dem Schoß des 1. Soldaten sitzt Edeltraut Radtke, eine der Töchter des Kompaniefeldwebels.

Von 1945 bis 1952 dienten die Kasernen zunächst als Auffanglager für ehemalige Zwangsarbeiter und Kriegsgefangene aus Osteuropa, die nach Kriegsende im Westen Deutschlands geblieben waren (Displaced Persons). Ab 1948 dienten sie als Überprüfungslager der International Refugee Organization (IRO) für Auswanderungen in die USA. Das Bild zeigt die einem britischen Offizier unterstehende polnische Sicherheitstruppe des Lagers beim Heraustreten zum Appell.

Ankunft von Neuankömmlingen mit dem Lkw.

In den Kasernen, in denen vor dem Krieg etwa 1.500 Soldaten gelebt hatten, wurden bis zu 12.000 heimatlose Ausländer untergebracht. Das brachte nicht nur organisatorische Probleme mit sich, sondern machte auch eine enge Belegung der einzelnen Wohnräume erforderlich. Neu eingetroffene Lagerbewohner mussten registriert und mit dem Nötigsten versorgt werden.

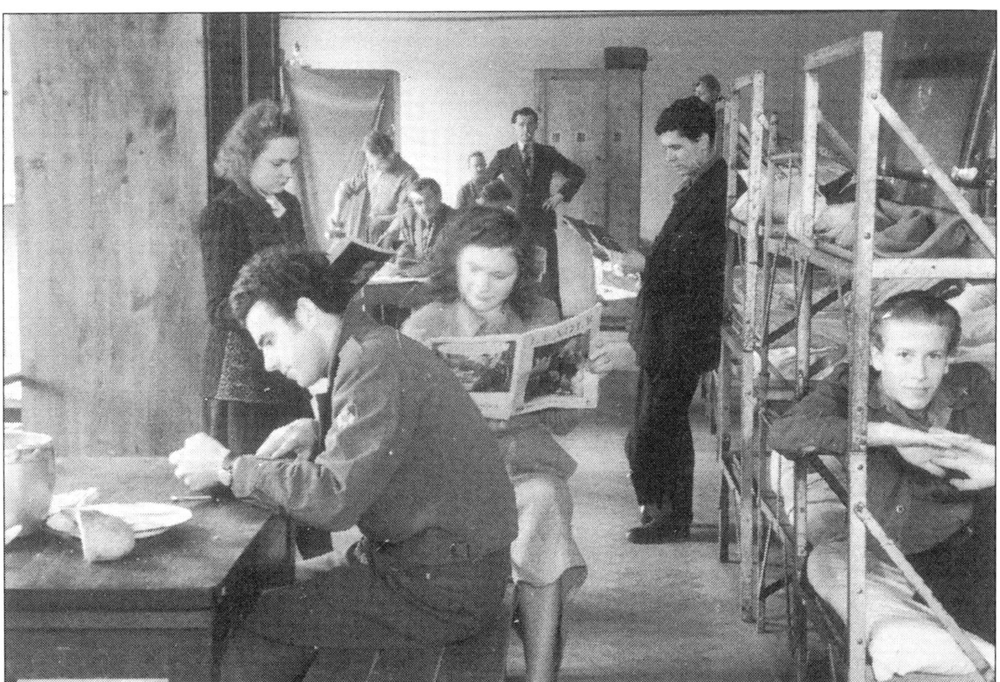

Das Bild zeigt sehr deutlich das enge Zusammenleben der Menschen in einem Raum.

Für die Lagerbewohner wurden Einrichtungen geschaffen, die ihnen das Leben erleichtern sollten. Die Kasernen glichen bald einer kleinen Stadt mit eigener Verwaltung, eigener Schule, Kirchen, Handwerksbetrieben, einem Krankenhaus, einer eigenen Radiostation, Geschäften und anderem. Hier sieht man die viel genutzte Sporthalle …

… und eine ebenso stark frequentierte Lagerkneipe.

Bevor man eine Einwanderungsgenehmigung in die USA erhielt, waren viele Hürden zu überwinden. Ein Gesundheitsattest gehörte ebenso dazu wie der Nachweis, dass man dem amerikanischen Staat nicht zur Last fallen würde. Bürgschaften wurden von amerikanischen Wohlfahrtsverbänden ausgestellt. Glücklich war, wer sein Einreisevisum in der Tasche hatte. Mit Lastwagen ging es dann zum Güterbahnhof Bergedorf.

Von Bergedorf aus fuhren die Auswanderer zunächst mit der Bahn zum Hamburger Hafen, bevor sie ihre große Reise in die USA antraten.

Im Dezember 1952 war die Bose-Bergmann-Kaserne komplett mit deutschen Flüchtlingen aus der Sowjetischen Besatzungszone belegt, ab 1. Januar 1953 wurden sie auch in der Bismarck-Kaserne untergebracht. Insgesamt standen etwa 10.000 Betten zur Verfügung. Auch im Flüchtlingslager gab es eigene, von der Gemeinde Wentorf getrennte, öffentliche Einrichtungen. Zu sehen ist eine Straßenszene im Kasernengelände.

Am 22. September 1958 besuchte Bundeskanzler Adenauer aus Kiel kommend das Flüchtlingslager Wentorf, in dem seit dem Spätsommer 1957 Spätaussiedler aus den ehemals deutschen Ostgebieten untergebracht waren. Adenauer sprach vor etwa 5.000 Aussiedlern. Im Vordergrund steht der Bundeskanzler. Im Hintergrund sieht man die Berliner Landstraße.

Wenn große Wäsche angesagt war, hatten die Frauen viel zu tun. Waschmaschinen gab es nicht und so musste alles in den Waschkellern der Kasernenblocks mit der Hand geschrubbt werden.

Anschließend flatterte es dann überwiegend weiß auf den Grünflächen des Kasernengeländes, ein gewohntes Bild, das bei Vorbeifahrenden bei schönem Wetter einen bleibenden Eindruck hinterließ.

Am Beginn des Aufenthalts im Flüchtlingslager, der in Einzelfällen bis zu drei Jahre dauern konnte, stand ein bürokratischer Akt. Die einzelnen Personen mussten registriert, Ausweise ausgestellt, die Einweisung in eine Unterkunft vorgenommen und vieles andere geregelt werden.

Die Lagerverwaltung bot Arbeit für die unterschiedlichsten Berufsgruppen. Neben den Bürokräften gab es Ärzte, Krankenschwestern, Kraftfahrer, Wachpersonal u. a. Zum Arbeitsalltag gehörte auch hier gelegentlich eine Betriebsfeier, wie z. B. das Faschingsfest der Lagerverwaltung im Jahr 1959.

Für die Kinder der im Flüchtlingslager untergebrachten Aussiedler wurde seit 1957 in den Sommerferien von den Wohlfahrtsorganisationen auf der Fuchswiese im Bergedorfer Gehölz ein Ferienlager organisiert, in dem Spiele veranstaltet und kleine Wettkämpfe ausgetragen wurden. Die besten Gruppen erhielten dabei Auszeichnungen.

Anfang der Sechzigerjahre waren u. a. auch Marinesoldaten in den Wentorfer Kasernen stationiert. Sie gehörten zu einer Schiffsstammabteilung aus Flensburg-Mürwik. Die Soldaten waren nur vorübergehend in Wentorf. Nach Fertigstellung der Flensburger Kasernen verschwanden auch die „Blauen Jungs“ wieder aus dem Wentorfer Ortsbild.

Im Oktober 1960 rückte das II. Bataillon eines Ausbildungsregiments der Luftwaffe in die Bismarck-Kaserne ein. Das Musikkorps der Luftwaffe in Osdorf sorgte für einen feierlichen Rahmen und auch die Wentorfer Bevölkerung ließ es sich trotz des Nieselregens nicht nehmen, die Soldaten bis zum Kasernentor zu begleiten.

Im August 1961 wurden die ersten Rekruten des Luftwaffenausbildungsregiments in der Bismarck-Kaserne vereidigt. Etwa 400 junge Soldaten hatten mit ihren Ausbildern im offenen Viereck Aufstellung genommen und schworen, der Bundesrepublik Deutschland treu zu dienen. Im Hintergrund erkennt man die Wentorfer Mühle.

Am 13. August 1964 stand die Berliner Mauer genau drei Jahre. Hauptmann Kirsch vom Luftwaffenausbildungsregiment 5 ließ aus diesem Grund 200 Mann der 6. Batterie zu einem Appell vor einem symbolischen Mauerstück antreten, das tags zuvor von Soldaten als ständiges Mahnmal errichtet worden war.

Tagelang waren Bundeswehrsoldaten im Jahr 1972 damit beschäftigt, für die Kinder in der Danziger Straße einen Abenteuerspielplatz herzurichten. Sie opferten viele Stunden ihrer Freizeit, damit die Kleinen ungefährdet spielen konnten.

4

Eine Gemeinde im Wandel

Bereits in den Dreißigerjahren bestand der Plan, den Bahnübergang Ecke Billeweg/Obere Bahnstraße zu schließen, um den wichtigen Schienenverkehr von Hamburg nach Berlin zu beschleunigen. Die historische Entwicklung brachte es jedoch mit sich, dass die Schranke erst im Dezember 1984 beseitigt wurde. Im Hintergrund sieht man das große Wohnhaus für Bahnangestellte. Foto aus den Siebzigerjahren.

Im Jahr 1958 ließ der Frühling auf sich warten, wenn man dem Foto vom 7. März 1958 glauben darf. In der Nacht war Neuschnee gefallen und so zeigte sich die alte Brinkkate von Borchers an der Ecke Berliner Landstraße/Hauptstraße in winterlicher Pracht. Links sind Verkaufsbuden zu sehen, die vor allem als Einkaufsmöglichkeit für die Flüchtlingsfamilien in den Kasernen errichtet worden waren.

Das Foto aus dem Jahr 1960 zeigt eine Straßenszene an der Einmündung der Hauptstraße in die Hamburger Landstraße. Der Straßenbelag bestand noch aus den Betonplatten der Vorkriegszeit und die heutige „Gaststätte Meyer" hieß noch „Gasthaus Voss". Links neben dem Gasthaus sieht man den später als Diskothek genutzten Saal und am linken Bildrand die Brinkkate von Borchers.

Etwas großspurig war es schon, die Ladenzeile am Sandweg/Ecke Hamburger Landstraße als Einkaufszentrum zu bezeichnen. Die Firma Tex u. Til hatte hier 1958 fünf Läden errichtet, in denen ein Friseur, ein Edeka-Markt, ein Eisen- und Haushaltswarengeschäft und eine Drogerie untergebracht waren. In späteren Jahren änderte sich die Nutzung der Geschäfte. Heute stehen dort die Zollarkaden.

Im Jahr 1880 gründete Christian Voß in Wentorf einen Bäckereibetrieb, zunächst neben der Mühle, seit 1887 in der Hamburger Landstraße 34. 1957 wurde das Geschäft modernisiert und mit großen Schaufenstern versehen. Neben der Bäckerei und auf der anderen Straßenseite sieht man Verkaufsbuden, die zur Versorgung der Flüchtlinge errichtet wurden.

Anfang der Fünfzigerjahre wurde in Wentorf Bauland für die Ansiedlung von Flüchtlingsfamilien aus Ostdeutschland bereitgestellt. Auf die Weise entstanden zwischen 1953 und 1955 die Marienburgsiedlung, die Ostlandstraße und die Moorkoppel. Das Foto zeigt die Moorkoppel im Jahr 1960 mit seinen für die Zeit typischen Siedlungshäusern. Selbst- und Nachbarschaftshilfe beim Hausbau war damals unverzichtbar.

Heinrich Esther und sein Nachbar Mäkelburg schachten die Baugrube für Esthers Haus an der Ostlandstraße aus.

Als am 1. Oktober 1960 die ersten Bundeswehreinheiten in die Wentorfer Kasernen eingezogen waren, musste sehr schnell Wohnraum für die Bediensteten der Bundeswehr geschaffen werden. Das Foto aus dem Jahr 1961 zeigt Ausschachtungsarbeiten für die im Januar 1962 fertig gestellten Bundeswehrwohnungen an der Teichstraße.

Im Sommer 1959 wurde die Straße Am Haidberg vom ehemaligen Bahnübergang bis zur Karlshöhe am Reinbeker Weg neu ausgebaut und mit einer Kanalisation versehen. Die Aufnahme vom Juni 1959 zeigt die Straßenbauarbeiten. Rechts erkennt man das Fußballtor des früheren Sportplatzes „Am Haidberg".

Der ehemalige Tanzsalon neben der Gaststätte „Zum Alten Zollhaus“ (heute Parkplatz Minimal) an der Hamburger Landstraße wurde von 1948 bis 1962 als Kino genutzt. Die Filmbühne Wentorf war u. a. auch für die Bewohner des Flüchtlingslagers ein beliebter Veranstaltungsort.

„Wentorf bekommt seine Mönckebergstraße“ textete die Bergedorfer Zeitung am 2. Februar 1971. Auf etwa 6.000 Quadratmetern Grundfläche war ein neues Geschäfts- und Wohnhaus hinter der alten Brinkkate errichtet worden, in dem ein Supermarkt, eine Sparkasse und eine Drogerie untergebracht werden sollten. Die Brinkkate von Borchers musste Platz für den Straßenausbau und den neuen Parkplatz machen und wurde Ende April abgerissen.

Am 7. Oktober 1954 wurden die ersten sieben Doppelhäuser der Marienburgsiedlung gerichtet. 28 Flüchtlingsfamilien konnten ein Eigenheim mit Gartenland beziehen. An eine Abwasserkanalisation war in dieser Zeit nicht zu denken. Noch im Jahr 1959 wurden neu erbaute Häuser mit Schwindgruben auf dem Grundstück versehen, wie die Abbildung aus diesem Jahr zeigt. Mit dem Ausbau des öffentlichen Kanalisationsnetzes wurde in Wentorf erst Anfang der Sechzigerjahre begonnen.

Auch das gab es Anfang der Fünfzigerjahre in Wentorf: Am Hohlen Weg Nr. 2 wurde, wenn auch vergeblich, nach Erdöl gebohrt, nachdem ein geophysikalisches Gutachten den Verlauf einer Ölader in 3.000 Metern Tiefe wahrscheinlich gemacht hatte. Der Turm war 48 Meter hoch. Bis zu 100 Meter in die Tiefe konnte der Bohrer pro Tag vordringen.

„Endlich eine neue Tankstelle!" Diese Worte hörte man im Oktober 1961 häufig im Ort, als Walter Burmester im Oktober 1961 an der Hamburger Landstraße/Ecke Höppnerallee eine Esso-Tankstelle errichtete. Auf dem Foto aus dem Jahr 1962 sieht man die fertig gestellte Tankstelle, dahinter die Mühle.

Die Aufnahme aus dem Jahr 1972 zeigt die bereits fertig gestellten vier Wohnblocks der Neuen Lübecker (heute Reinbeker Weg 68–74) und die noch im Bau befindlichen beiden Wohnblocks für Bundeswehrangehörige (Hauptstraße 17 und 19). Die 120 Wohnungen am Reinbeker Weg wurden ab 1. Juli 1972 bezogen, Richtfest für die 96 Wohnungen an der Hauptstraße war am 20. April 1972. Für Bürgermeister Joachim Werwinski war damit der erste Schritt zu einer „höheren Bebauung" Wentorfs getan.

Am 5. Oktober 1980 fanden Bundestagswahlen statt. Franz Josef Strauß kandidierte für die CDU/CSU gegen Bundeskanzler Helmut Schmidt. Dass der Wahlkampf, zumindest in Wentorf, stark polarisierend geführt wurde, zeigt das Foto von der Kiehn´schen Koppel am Reinbeker Weg, ist es doch eher unwahrscheinlich, dass die Kühe das Wahlschild demoliert hatten. Im Hintergrund ist der Hof von Hanns-Hugo Kiehn zu sehen.

Im Februar 1951 wurde in Wentorf in der Teichstraße 3 ein Zweigpostamt eingerichtet – die erste Postdienststelle im Ort. Sieben Jahre später zog die Post in den abgebildeten Pavillon an der Hauptstraße (heute Fahrradgeschäft). Die jetzige Postfiliale, vorher der Pferdestall der Holsten-Brauerei, wurde am 27. Juli 1987 eröffnet.

Ende der Fünfzigerjahre war der Dorfplatz an der Hauptsraße noch eine Idylle, die mit viel Sorgfalt gepflegt wurde. Links oben auf dem Bild ist die Hofstelle von Steffens zu sehen, dahinter ein weiterer Bauernhof. Auf der anderen Straßenseite sieht man die „Gaststätte Schuchmann".

Seit 1927 gab es in Wentorf eine Zweigstelle der Schwarzenbeker Verbandssparkasse, zuerst am Petersilienberg in der Wohnung des Gemeindevorstehers Ahrendt, dann in der Hauptstraße im Haus des Bauern Hinz und seit 1940 am heutigen Standort der Kreissparkasse. Das Foto zeigt den Neubau aus diesem Jahr. Im Juli 1989 wurde an gleicher Stelle das jetzige Gebäude der Kreissparkasse Lauenburg fertig gestellt.

Seit 1947 war Hans Bonewald (nicht auf dem Foto) Leiter der Verbandssparkasse in Wentorf. Dass er im Obergeschoss wohnte, trug mit zu dem guten Betriebsklima in seiner Zweigstelle bei. Kleine Feiern wie Geburtstage der Belegschaft wurden im Tresorraum gefeiert. Dass es dabei recht familiär zuging, zeigt das Bild, das Anfang der Sechzigerjahre entstand.

Das Niels-Stensen-Haus (Billeweg 32) wurde in den Dreißigerjahren zunächst als Privathaus erbaut. Später war es dann Pfarrhaus für die katholische Gemeinde Reinbek/Wentorf, bevor es 1955 von Ordensschwestern unter seinem heutigen Namen als Bildungsstätte für die katholische Jugend Hamburgs ausgebaut wurde. Die Aufnahme stammt aus dem Jahr 1963.

Im Mai 1964 wurde von dem Wentorfer Pastor Zinner der Grundstein zum Bau des Altenheimes der evangelischen Kirchengemeinde gelegt. Es erhielt den Namen „Mutter Eva von Tiele-Winckler Heim". 1967 wurden der Bau und der angeschlossene Kindergarten am Burgberg vollendet.

5

Menschen bei der Arbeit

Einen Wochenmarkt gibt es in Wentorf seit Oktober 1958. Bis zum Umzug in den Casinopark im Jahr 2002 befand er sich auf dem Gelände zwischen Post und „Gaststätte Schuchmann“ an der Hauptstraße. Seine Einrichtung stand im Zusammenhang mit der Einführung der Selbstverpflegung im Flüchtlingslager. Die Abbildung zeigt eine Marktszene Ende der Fünfzigerjahre.

Während des Ersten Weltkrieges mussten viele Berufe, die vorher von Männern ausgeübt worden waren, von Frauen übernommen werden. Briefträgerin in Wentorf war in der Zeit Frau Ludwig. Im Hintergrund ist die Hofstelle des Bauern Hinz (Hauptstraße 3) zu sehen.

Im Jahr 1891 hatte Carl Borchers die Brinkkate von 1784 an der Ecke Hauptstraße/Berliner Landstraße gekauft und einen Kolonialwarenhandel und Fuhrbetrieb eröffnet. 1941 konnte er sein 50. Geschäftsjubiläum feiern. Auf dem Bild ist Carl Borchers mit der Familie seines Sohnes Hugo zu sehen. Von links: Minna Borchers mit Sohn Hans-Hugo, Carl Borchers, Karl-Heinz Borchers und Hugo Borchers.

Um 1965 konnte der Kolonialwarenhandel der Firma Hugo Borchers und Söhne mehrere Verkäuferinnen beschäftigen. Vor dem Geschäft präsentieren sich (von links) Ingrid Zabel, Irmgard Barra und Frau Janna für ein Erinnerungsfoto.

Dort, wo sich heute der Textilhandel KIK befindet, stand bis Mitte der Siebzigerjahre eine Reihe älterer Gebäude, in denen nacheinander verschiedene Läden untergebracht waren. Auf dem Foto von 1960 sind zu sehen (von rechts): neben der Drogerie Baumann das Schreibwarengeschäft von Anita Bonath, das Hotel „Wentorfer Hof" und die Produktion, anschließend die Post.

1947 gründete Walter Knappe einen Gartenbaubetrieb am Rande der Wentorfer Lohe. Die Produkte der Gärtnerei mussten zeitweise, da ein Ladengeschäft im Ort fehlte, auf dem Hamburger Großmarkt verkauft werden. Das Foto von 1963 zeigt (von links) Walter Knappe, Gudrun Knappe und Klaus Knappe mit ihrer Neuzüchtung Aphelandra, für die sie 1973 auf der IGA in Hamburg die Goldmedaille erhielten.

Nachdem August Höppner 1873 die Wentorfer Mühle errichtet hatte, kaufte er zwei Jahre später ein Grundstück an der Hamburger Landstraße und baute darauf sein Wohnhaus. Sein Nachfolger Heinrich Manow baute es aus (heute „Hotel Jungclaus") und errichtete daneben eine Brotfabrik. Heute befindet sich dort eine Tankstelle.

Das Foto zeigt Karl Steinmetz (1906–1988) mit Ehefrau Paula im Jahr 1949 vor ihrem Brotwagen. Nach dem Ende des Zweiten Weltkrieges lebte das Ehepaar einige Jahre von dem Verkauf von Brot und Kuchen in Wentorf und der näheren Umgebung, u. a. auch von Backwaren aus der Wentorfer Mühle.

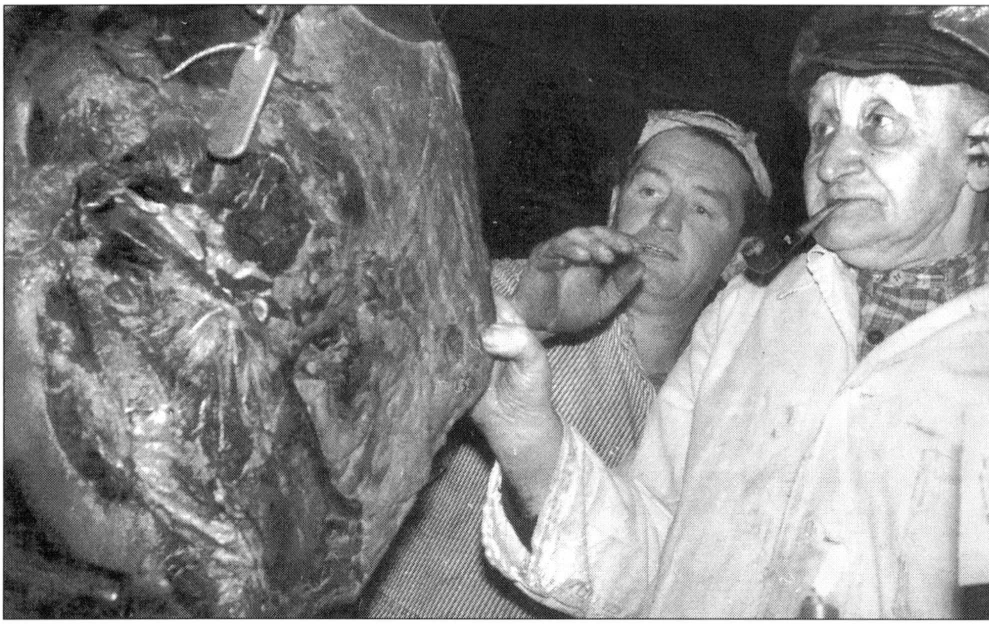

Um 1930 richtete Malermeister Heinrich Kann auf seinem Grundstück Achtern Höben 8 eine Räucherei als Nebenerwerb ein. Können und Sinn für Qualität zeichneten den Besitzer des „Rauchhauses Kann" aus, das bis Ende der Sechzigerjahre existierte. Auf dem Foto aus dem Jahr 1965 sind Heinrich Kann (rechts) und Schwiegersohn Günter Bergemann beim Prüfen eines Räucherschinkens zu sehen.

Willi Borchers sen. und jun. 1950 mit Gesellen (von links) und einem Schlachtochsen vor der Garage des Schlachterbetriebes W. Borchers an der Hauptstraße.

Im Jahr 1921 eröffneten Franz und Dorothea Reppenhagen am Reinbeker Weg 32 ein Geschäft für Kolonial- und Fettwaren. 1925 wurde das Geschäft umgebaut. Auf den Fotos ist der modernisierte Laden zu sehen. Später befanden sich dort die Läden von Schmiechen und Wahrmann, heute findet man dort die Blumendiele Wentorf.

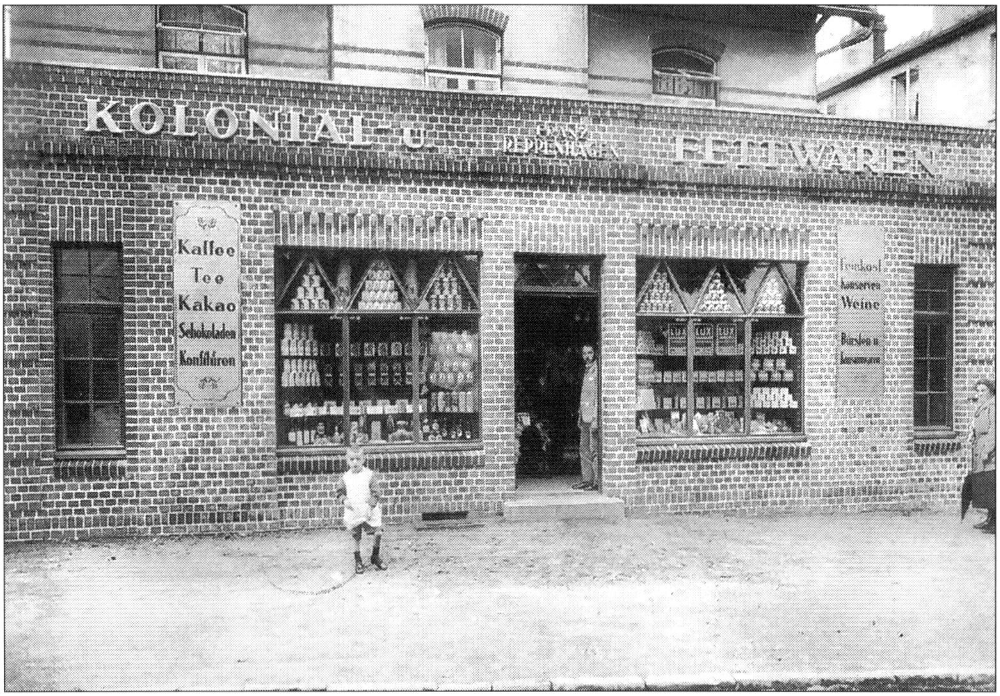

Vorn sieht man Günther Reppenhagen, den Sohn des Besitzers.

Über 70 Jahre lang – von 1903 bis 1976 – war der Malereibetrieb von Carl und Wilhelm Reuß in Wentorf ansässig. Beide, Vater und Sohn, waren nicht nur hervorragende Handwerker, sie hatten außerdem auch künstlerische Talente und waren technisch begabt. Die Abbildung zeigt Wilhelm Reuß mit seinem Gesellen in den Sechzigerjahren beim Beladen seines Tempo 3-Rad-Wagens.

Im Jahr 1960 besaß die Gemeindeverwaltung noch kein motorisiertes Fahrzeug zum Schneeräumen. Im Bedarfsfall lieh sich Otto Paasch vom Betriebshof Schneepflug und Pferd vom Fuhrmann Haß, um der Räumpflicht der Gemeinde nachkommen zu können.

Dort, wo heute die Wentorfer Post untergebracht ist, befanden sich von 1972 bis 1981 die Stallungen der Holsten-Brauerei für elf Schleswiger Kaltblutpferde. Die Gespanne mit ihrem Wagenpark dienten der Brauerei als Werbeträger. Auf der Wentorfer Heimatwoche 1979 zogen die Füchse mit dem prächtigen Zaumzeug den Holstenzug sechsspännig durch den Ort.

Nach den verheerenden Luftangriffen auf Hamburg wurde im Sommer 1943 der Bau eines Luftschutzbunkers am Burgberg neben dem Kriegerdenkmal angeordnet. Auf dem Bild sind drei Männer beim Betonieren der Bunkerdecke zu sehen. Vorn, Zweiter von links, steht Zimmermann Carl Klempau. Im Hintergrund sieht man die Häuser des Wischhoff.

Die Fischhandlung, die von Willy Peterson und seiner Frau kurz nach dem Ende des Zweiten Weltkrieges an der Ecke Hauptstraße/Wischhoff in einem einfachen, kleinen Gebäude eröffnet wurde, bestand bis Mitte der Fünfzigerjahre. Er selbst wohnte gegenüber in dem Haus Hauptstraße 14.

Im Jahr 1938 übernahm Johannes Kröger ein bereits bestehendes Fachgeschäft für Fleisch- und Wurstwaren an der Hamburger Landstraße. Heute ist es Teil des Edeka-Marktes an der Hauptstraße. Auf dem Bild aus den Fünfzigerjahren sind Lehrlinge und Gesellen der Schlachterei Kröger beim Zerlegen von Rinderhälften zu sehen.

Auf dem Foto aus dem Jahr 1951 sieht man den Bäckermeister Hugo Voß jun. an seinem neuen Auszugsofen bei der Prüfung eines frisch gebackenen Feinbrotes. Der Ofen entsprach dem neuesten Stand der Technik. Mit ihm konnte die Backkapazität wesentlich erhöht werden.

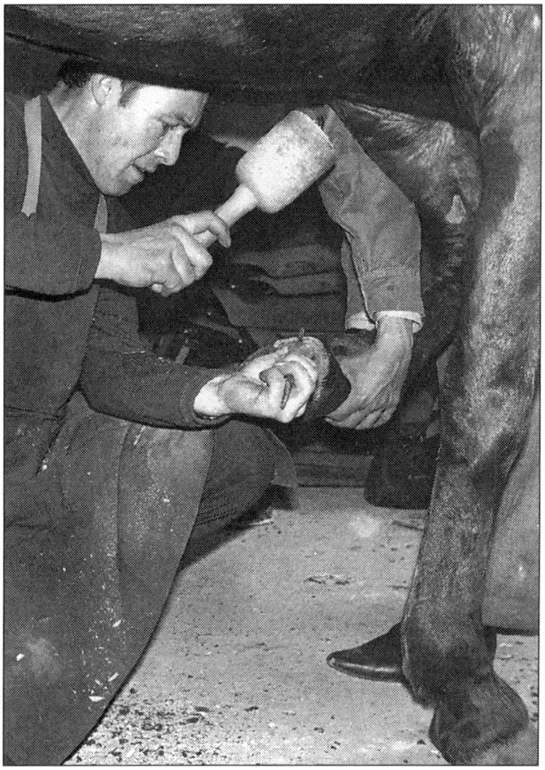

Zwei Schmiede beim Beschlagen eines Pferdes.

Bei der Verkoppelung des Dorfes Wentorf in den Jahren 1791 bis 1793 wurde neben dem Zollhaus erstmals eine Wagen- und Hufschmiede eingerichtet. Zu Beginn wurde sie von Franz Hinrich Glaefecke betrieben, seit 1825 von seinem Schwiegersohn Heinrich Gedemann und nachfolgend von dessen Sohn Franz. 1919 übernahm Schmiedemeister Otto Voss den Betrieb an der Berliner Landstraße, der 1959 eingestellt wurde. Die Abbildung zeigt die Schmiede von Otto Voss in den Fünfzigerjahren.

Das Foto aus den Fünfzigerjahren zeigt eine Marktfrau beim Verkauf von Stiefmütterchen auf dem Wochenmarkt, Ecke Hauptstraße/Teichstraße. In der Bildmitte sieht man die Bäckerei Flindt, links daneben das Gehöft des Bauern Hinz.

Im Sommer wie im Winter brachte Milchmann Heinz Becker aus der Feldstraße seinen Kunden zuverlässig Milch ins Haus, wie hier in der Flurstraße. Im Winter 1941/42, der sehr kalt war, setzte er dazu seinen schön verzierten Schlitten ein.

1934 hatte Karl Albert (1894 in der Zollstraße geboren) am Reinbeker Weg 24 in der Nähe der Karlsburg einen Kohlenhandel eröffnet. Die Kohlen transportierte er zuerst mit einem Pferdefuhrwerk, seit Ende der Dreißigerjahre mit einem Lastwagen. Das Foto zeigt ihn bei der Arbeit an der Kippwaage, die zum Wiegen und Abfüllen der Kohlen in Säcke diente.

Hier hat sich das Hauspersonal aus den Villen an der Golfstraße zu einem Erinnerungsfoto aufgestellt. Die Aufnahme entstand um 1910.

Solange mit der Turbine am Mühlenteich noch Strom für das E-Werk Reinbek/Wentorf erzeugt wurde, musste der Teich in regelmäßigen Abständen mit einem Spezialgerät entkrautet werden. „Die Männer von der christlichen Seefahrt sind wieder unterwegs", hieß es dann.

Mitte November 1957 wurden in der Hauptstraße die letzten Masten für die neuen Straßenlampen aufgestellt. Wentorf erhielt damit in der Ortsmitte eine moderne Straßenbeleuchtung. Zwei 40-Watt-Leuchtstoffröhren sorgten für die nötige Helligkeit. Nachts wurde eine Röhre aus Kostengründen abgeschaltet. In der Bildmitte ist die „Gaststätte Schuchmann" zu sehen. Heute steht dort der Angerhof.

Im Jahr 1939 wurden an der heutigen Schanze Heimstätten für kinderreiche Familien errichtet. Das Projekt wurde zur Gemeinschaftsarbeit von Eigentümern und freiwilligen Helfern erklärt. Da unter ihnen viele SA-Männer waren, erhielten die vier Doppelhäuser den Namen SA-Siedlung (heute Schanze 28–42). Auf dem Foto ist der Beginn der Arbeiten zu sehen, im Hintergrund befindet sich die Kaserne.

Im Februar 1961 wurde an der Haupteinfahrt zur Bismarck-Kaserne ein neues Tor montiert. 20 Zentner soll ein Torflügel gewogen haben und dass es nicht ganz einfach sein würde, ihn zu überklettern, lässt sich unschwer erkennen.

Von November 1965 bis März 1966 wurde bei der „Marienburg" von Wandsbeker Pionieren eine 78 Meter lange Wanderbrücke über die Bille gebaut. Die „Pionierbrücke", wie sie bald genannt wurde, verbindet das Bergedorfer Gehölz mit der Reinbeker Uferseite.

Im Januar 1961 war in der Bock'schen Villa Am Mühlenteich 8 ein Zimmerbrand ausgebrochen. Da die Brandursache zunächst ungeklärt war, musste Polizei hinzugezogen werden. Auf der Abbildung begutachten Wentorfer Feuerwehrleute und die Polizeibeamten Rudolf Tietz und Hermann Schilling den Brandschaden.

6

Das Leben im Verein

Der Brieftaubenclub Pfeil von 1906 Wentorf wurde von Brieftaubenzüchtern gegründet, um den Wettflugsport für Tauben zu fördern. In der vorderen Reihe links erkennt man Gastwirt Heinrich Heitmann. Das Foto stammt vermutlich aus den Zwanzigerjahren.

Am 1. März 1905 hatte die Gründungsversammlung der Freiwilligen Feuerwehr Wentorf stattgefunden. 18 Jahre später – 1923 – war die Mannschaft stark genug, um eine eigene Feuerwehrkapelle zu gründen. Initiator war Emil Krüger, der die Leitung der Kapelle bis 1967 inne hatte. Auf dem Foto ist er hinter der großen Trommel zu sehen.

1957 ließ sich die gesamte Mannschaft der Freiwilligen Feuerwehr Wentorf fotografieren. Wehrführer war der bereits genannte Emil Krüger (1. Reihe, 6. von rechts). Hinter den Männern steht das damals modernste Löschfahrzeug, ein LF 8 der Marke Opel Blitz.

Auf dem Foto aus dem Jahr 1966 ist Harry Baas neben einem Löschfahrzeug 15 der Marke Mercedes zu sehen. Im Hintergrund sieht man das alte Feuerwehrgerätehaus.

Anfang April 1978 stand das ehemalige Kutscherhaus der als Altenheim genutzten Villa „Lichtenfels" (Golfstraße 1) in Flammen. In dem Gebäude waren Heu und Stroh gelagert. Es brannte wie Zunder. Da konnten auch die Männer der FFW Wentorf und ihre Kollegen aus dem Umland nicht mehr viel retten.

Die ersten Hockeyspielerinnen des 1921 gegründeten Tontaubenklubs Wentorf-Reinbek (TTK, heute Tontaubenklub Sachsenwald e. V.) auf dem Haidbergsportplatz an der Ecke Bergedorfer Weg/Am Haidberg. Tennis spielten die Klubmitglieder auf privaten Plätzen, bis man Ende der Zwanzigerjahre in Wohltorf am Tonteich ein eigenes Gelände pachten konnte. Foto von 1922/23.

TTK-Tennisspieler „Jung und Alt". Foto vom Ende der Siebzigerjahre.

Der Vorstand der Wentorfer Liedertafel, die bereits 1880 gegründet wurde. „Mehrere sangeslustige, frohe Männer traten zusammen, um eine Vereinigung besonderer Art zu gründen, in der eine der schönsten aller Künste, der Gesang, gepflegt werden sollte." Foto um 1900.

In dem kleinen Wentorf gab es einen zweiten Gesangverein, der sich Gesangverein Hoffnung von 1902 nannte und sich aus der zunehmenden Zahl der Arbeiter in Wentorf bildete. Dieser Verein verfügte auch über einen Frauenchor. 1933 schlossen sich im Rahmen der nationalsozialistischen Gleichschaltung beide Vereinigungen zusammen zur Wentorfer Liedertafel Hoffnung von 1880. Seit 1971 singen Wentorfer und Reinbeker zusammen im Sachsenwaldchor. Foto von 1908.

Im Pfeifenclub zur frohen Stunde hatten sich 1899 in Wentorf zehn Mitglieder zusammengefunden, die der Sozialdemokratie nahe standen. Der Klub gründete sich zu dem Zweck, „dass sich seine Mitglieder durch brüderliches Zusammenhalten allwöchentlich einen genussreichen Abend verschaffen wollen“ – eine Formulierung, die darauf abzielte, die strengen Regelungen des Vereinsgesetzes für politische Vereine zu umgehen. Foto von etwa 1905.

Die Teilnehmerinnen des Endspiels im Damendoppel 1975 im Wentorfer Tennisclub e. V. am Grübbenweg. Dem 1973 gegründeten Verein gehören heute 120 Mitglieder an, die auf vier Tennisplätzen ihren Sport betreiben können.

Als der Fußball noch in den Kinderschuhen steckte: Die 1. Herren-Fußballmannschaft des WRSC von 1906 (Wentorf-Reinbeker Sport-Club von 1906, heute Sport-Club Wentorf [SCW] von 1906 e. V.). Die Spieler von links (hinten): Heinrich Rieck, Janentzki, Wacker, H. Ganß, Schröder, Martens, Kröger, A. Meyer; (vorn): Hormann, Drege, Lichte. 30 Personen gründeten den Verein, heute gehören ihm 1.600 Mitglieder an. Foto von 1910.

Der WRSC von 1906 auf dem Heiligengeistfeld vor dem so genannten Schlachtenpanorama. Foto von 1913.

Die Damen-Handballmannschaft des WRSC von 1906 e. V. verteidigt entschlossen ihren Schusskreis auf dem Haidbergsportplatz (früher Ecke Bergedorfer Weg/Am Haidberg), auf dem heute Häuser stehen. Im Hintergrund die mit Heide bewachsenen Hügel des Haidbergs, von dem aus die Zuschauer eine gute Sicht hatten. Foto von 1933.

Die Damen des WRSC von 1906 e. V. als Sachsenwaldmeister 1958. Von links (hinten): M. Jäger, Uta Rettmeyer, Putzi Schäfer, Helga Rieck, Margot Baumann; (vorn): Gerda Siefert, D. Beinroth, Karin Rettmeyer.

Die Leichtathleten des WRSC von 1906 e. V. trainierten im Vorwerksbusch für die Crosslauf-Landesmeisterschaften unter Führung von Trainerin Margot Baumann (mit weißer Pudelmütze). Foto um 1980.

Lokalderby auf dem Haidbergsportplatz der alten Herren des WRSC von 1906 e. V. und des TSV Reinbek anlässlich des 50. Jubiläums des Heimatvereins.

Die legendäre Trainerin Margot Baumann des WRSC von 1906 e. V. mit ihren neun „Riesen“ als Hamburger Handballmeister 1957. Von links (hinten): Dieter Holst, Christian Beinroth, Horst Bockenthien, Norbert Dey, Michael Hoffmann, Hans Jürgen Dreyer, Margot Baumann; (vorn): Jan Freisold, Rudolf Lange, Eberhardt Juhnke.

Die 2. Fußball-Herrenmannschaft des WRSC von 1906 e. V. auf dem Sportplatz Friedrichsruher Weg. Foto von 1973/74.

Jörg Krieter und Helge Müller vom WRSC von 1906 e. V. haben das Leder souverän unter Kontrolle. Das Foto entstand Mitte der Siebzigerjahre.

Der Reiterhof von Hacht am Ende des Friedrichsruher Weges – die Wiege der Reiterei in Wentorf. Gründerväter waren Hermann und Albert von Hacht. Foto von 1958.

Aus den ersten Anfängen entstand 1963 der Hamburg-Wentorfer Reiterverein e. V. am Grübbenweg, der rund um das Pferd alles bietet, was das Herz begehrt: ob Springen, Dressur, Freizeitreiterei, Jagd, Therapeutisches Reiten oder Voltigieren. Das Bild zeigt den erfolgreichen Wentorfer Dressurreiter Uwe Sauer auf Waldfee aus der Zucht von Hacht, mit der er erste Erfolge erzielte, die er schließlich mit dem Gewinn der Goldmedaille in der Nationalmannschaft bei den Olympischen Spielen 1984 in Los Angeles krönte. Foto aus den Sechzigerjahren.

Der Hauptweg mit seinen schönen Torbögen ist endlich fertig gestellt! Seit Anfang der Fünfzigerjahre ist der Kleingärtnerverein Wentorf von 1920 e. V. zwischen der Bundesstraße 207 und dem Alten Frachtweg in einer gepflegten Anlage beheimatet. Foto von 1963/64.

Familientag vor der in Eigenarbeit errichteten Vereinslaube. Der in Notzeiten gegründete Verein pflegt neben seinem ursprünglichen Anliegen, für Natur, Erholung und sinnvolle Betätigung des Stadtmenschen zu sorgen, menschliche Kontakte, Geselligkeit und Gemeinschaftsgefühl. Dafür sorgen u. a. Interessengruppen wie „Die Strickjulchen“, die Gesang-, die Schieß-, die Sketch- und die Reisegruppe sowie der Sparklub. Foto um 1980.

Der Kirchenchor Wentorf singt anlässlich des Festnachmittags der Wentorfer Gemeinde 1960 im „Kurhaus Jägersbronnen" am Bergedorfer Weg.

Lehrer Erwin Krause gratuliert den Trägern des Plattdeutschen Abends in der Realschule Wentorf. Im Hintergrund erkennt man Fritz Specht. Foto etwa aus den Siebzigerjahren.

Im Mai 1979 hatte der Wentorfer Bürgerverein einen Wohltätigkeitsball zugunsten der Aktion Krebshilfe organisiert. Auf dem Programm standen u. a. eine Veranstaltung der „Aktuellen Schaubude" des NDR. Das Bild zeigt eine Vorbesprechung für die Fernsehsendung. Vorn erkennt man Carlo von Tiedemann, dahinter in dunklen Anzügen Vorstandsmitglieder des Bürgervereins: Peter Kröger, Rudolf Oppermann, Reinhard Bendrat.

Die alte Tradition um den Maibaum, unter dem sich eine bäuerliche Bevölkerung zu Fest und Tanz zusammenfand, wurde in Wentorf 1967 anlässlich der 750-Jahr-Feier wiederbelebt. An einem hohen Stamm finden sich Symbole, die Geschichte und Zusammensetzung der Bevölkerung darstellen: unter einem Kranz die Landesherzöge, bäuerliche Tätigkeiten, Zeichen der Handwerker, Flüchtlinge und Kaufleute.

Vereinsleben des 1901 gegründeten Wentorf-Reinbeker Golf Clubs e. V. (WRGC) vor der Klubhütte An der Hege um die Jahrhundertwende. Zunächst spielte man teilweise auf neun Löchern, heute steht den etwa 600 Mitgliedern eine landschaftlich besonders schöne Anlage mit 18 Löchern zwischen Golfstraße und Wohltorfer Weg zur Verfügung.

Die Damenmannschaft des WRGC e. V. 1927 im Klubdress oder doch eher die „Tiller-Girls" auf sportlichen Abwegen?

Bereits vor dem Zweiten Weltkrieg existierte eine Theatergruppe in Wentorf um John A. Ramcke (Am Haidberg 3), die nach dem Krieg wieder auflebte. Die Aufnahme zeigt eine Aufführung am 31. Oktober 1953 im „Kurhaus Jägersbronnen“. Die Schauspieler von links: Frisör Biekarck, Gastwirt Erwin Jacobs und Schlossermeister Fritz (Friedrich) Albert, der als Träger der komischen Rollen immer die Lacher auf seiner Seite hatte.

Die Aufnahme zeigt Aenne Otten und Uwe Rattmann in der Kriminalkomödie „Das Rendezvous von Senlis“ von Jean Anouilh, um 1980 aufgeführt von der Wentorfer Bühne e. V. Die Vereinigung ging aus der 1979 von Dr. Hans Bittner gegründeten Wentorfer Laienspielbühne e. V. hervor und bietet bis heute jedes Jahr unter der Leitung von Heike Gericke mehrere äußerst attraktive Aufführungen an, u. a. das jährliche Weihnachtsmärchen.

Einweihungsfeier des Verwaltungsgebäudes der Gemeinde Wentorf (An der Hege) am 22. Juni 1935. Die Gemeinde konnte das unbewohnte Gebäude mit einem Grundstück von 20.000 Quadratmetern Größe von den unter Druck gesetzten privaten Eigentümern für einen Spottpreis erwerben (siehe auch Seite 23).

Mitglieder der Gemeindeverwaltung. Foto von 1970.

Amtseinführung von Pastor Christian Hube (vorn rechts) in Wentorf im Mai 1968.

Konfirmanden vor der Wentorfer Kirche am Reinbeker Weg im Jahre 1963.

Nachdem Wentorf bis 1898 dem Kirchspiel Hohenhorn angehört hatte, wurde das Dorf in die Kirchengemeinde Reinbek eingegliedert. Durch das starke Bevölkerungswachstum nach dem Zweiten Weltkrieg ergab sich die Notwendigkeit, ein eigenes Glaubensgebäude zu errichten. Das Foto zeigt das 1951 erbaute Martin-Luther-Haus. 1953 wurde es durch den Anbau eines Gemeindesaales zur Martin-Luther-Kirche erweitert.

Die Wentorfer Konfirmanden von 1953, die inzwischen ihre Goldene Konfirmation feierten.

Mitgliederehrung beim SPD-Ortsverein Wentorf im Jahr 1963. SPD-Kreisvorsitzender Wendicke hält eine Ansprache. Neben ihm ist Ortsvereinsvorsitzender Curt Czepoks zu sehen. In der vorderen Reihe von links: Bruno Moeller, Edgar Nordmann. Conrad Spörk und Carl Schmidt.

1982 wurde Hans-Georg Paul (CDU) für seine Verdienste als Kommunalpolitiker und für sein Engagement im Bund Deutscher Fallschirmjäger mit dem Bundesverdienstkreuz ausgezeichnet. Finanzpräsident Sell aus Hamburg überreichte ihm die Ehrung des Bundespräsidenten im Wentorfer Rathaus. Links neben ihm steht Bürgermeister Joachim Werwinski.

Hufner Franz Höltig (1841–1908), Wentorfer Gemeindevorsteher von 1883 bis 1888 und 1901 bis 1907. Gleichzeitig war er Amtsvorsteher des Amtes Hohenhorn, zu dem Wentorf gehörte, von 1898 bis 1908. Das Foto entstand um 1900.

Mit Dr. Johannes Knust wurde nach der neuen Gemeindeordnung für Schleswig-Holstein vom 24. Januar 1950 im Mai 1950 der erste hauptamtliche Bürgermeister gewählt, der dieses Amt bis 1969 bekleidete. Foto aus den Sechzigerjahren.

Erich Möller sen. (1892–1983), Gründer der Wentorfer FDP.

Sein Sohn Erich Möller jun. (1923–2000). Auch er war ein engagierter Kommunalpolitiker und Förderer des Vereinslebens im Ort.

7

Schule, Kindheit und Kultur

Das Foto zeigt die 1. und 2. Klasse der Volksschule Wentorf in der Alten Schule im Jahr 1943. Vorn sitzen die Erstklässler, dahinter die „Großen". Klassenlehrerin war Frau Prüßmann.

Kindergärten waren im Jahr 1948 eher Mangelware. Einer befand sich am Heckenweg. Dass es dort sehr fröhlich zuging, sieht man an den strahlenden Gesichtern der 17 Kinder. Und auch Tante Ursel scheint die Sache Spaß zu machen.

Am 2. Mai 1965 wurde ein neues Kindertagesheim der evangelischen Martin-Luther-Kirchengemeinde am Burgberg eingeweiht. 60 Kinder fanden dort zu Beginn Aufnahme. Bei Sonnenschein kann auf der Terrasse gespielt werden und der Kindergarten liegt abseits des Straßenverkehrs, umgeben von Wiesen, Busch und Wald.

Der erste Schultag ist für jedes Kind ein besonderes Ereignis. Stolz präsentieren die Kinder ihre Schultüten. Die oberen Bilder zeigen die ersten Schultage von Ilse Klempau (links, 1931) und Hans-Günther Bäuch (1956), im Hintergrund sieht man die Mühle. Unten links: Sybille Spörk (1956), rechts: Marion Sasse (1955).

Auf dem Foto ist die II. Klasse (3. bis 5. Schuljahr) der Volksschule Wentorf im Jahr 1926 zu sehen. Klassenlehrer war Johannes Grüschow, seit 1920 Lehrer in Wentorf. Auf dem Bild ist sehr schön die Einrichtung einer Schulklasse in dieser Zeit zu erkennen: der Klassenschrank, die schräg aufgestellte Tafel, die Holzbänke und die Unterrichtszwecken dienenden Bilder an den Wänden.

Das Foto zeigt das erste Schuljahr der Volksschule Wentorf im Jahr 1928 auf dem Dorfplatz vor der Schule. Klassenlehrerin war Anna Hölck, die seit dem 1. April 1928 in Wentorf tätig war.

Auf dem Klassenfoto aus dem Jahr 1937 sind Schülerinnen und Schüler des 7. und 8. Schuljahres zu sehen. Klassenlehrer war Schulleiter Emil Steinfatt.

Lehrer Artur Hinrichs und seine Schülerinnen und Schüler haben sich für ein Erinnerungsfoto aufgestellt. Die Aufnahme stammt aus den Jahren 1948/50.

Der Unterricht der kleinen Privatvorschule für Knaben und Mädchen in Wentorf von Helene Jürgensen fand in einer kleinen Villa An der Karlshöhe 8 statt. Die Schule existierte von 1909 bis 1913 in Wentorf, wurde dann nach Reinbek verlegt. Die Lehrerin war Fräulein Alfeis. Foto von 1910.

Die festlich gekleideten, blumenbekränzten Mädchen der Volksschule Wentorf während der Festveranstaltungen zum Vogelschießen. In der Mitte steht die Siegerin Hicke Rettmeyer. Das Foto entstand Ende der Dreißigerjahre.

Die Aufnahme entstand 1965 auf einer Klassenfahrt. Sie zeigt eine 4. Klasse der Wentorfer Grundschule mit ihrem Lehrer Herrn Hofer.

Die Klasse von Frau Krause (geborene Sabin) wurde Ostern 1965 eingeschult. Die Aufnahme stammt wahrscheinlich aus dem Jahr 1968.

Das Vogelschießen wurde in Wentorf von der Mitte des 19. Jahrhunderts bis 1954 als Fest der Wentorfer Volksschule immer kurz vor den Sommerferien gefeiert. Die Jungen schossen mit einer Armbrust oder einem Luftgewehr auf einen hölzernen Vogel. Die Mädchen warfen mit einer hölzernen Taube auf eine Zielscheibe. Hinterher gab es einen Festzug durch den Ort. Das Bild zeigt das Vogelschießen der Jungen im Jahr 1939, am Tisch erkennt man Schulleiter Emil Steinfatt.

Hier ist ein Teil des Festzuges verkleideter und geschmückter Kinder im Jahr 1951 zu sehen.

Nach dem Krieg besaß man bekanntlich nicht viel. Die Geschicklichkeit und die Fantasie der Mütter war gefragt. Die Kleidung wurde aus allem gemacht, was eben da war, alten Wolldecken, Militärmänteln u. ä. Die vier Kinder aus der Schanze störte das aber offensichtlich nicht, wie dieses Bild aus dem Jahr 1948 zeigt.

Vom 24. Mai 1967 bis zum 4. Juni 1967 feierte Wentorf sein 750-jähriges Bestehen. In einer Urkunde vom 24. Mai 1217 war Wentorf erstmals erwähnt worden. An den Ortseingängen, wie hier an der Grenze zu Bergedorf, luden Spruchbänder zum Besuch der Festwoche ein.

Rechtzeitig zur 750-Jahr-Feier der Gemeinde Wentorf im Jahr 1967 bauten Schüler aus der Wentorfer Realschule unter Leitung ihres Lehrers Hans-Erwin Krause das Dorf, wie es im Jahr 1792/93 nach der Verkoppelung aussah, im Maßstab 1:500 detailgetreu nach. Heute steht das Modell im Heimatmuseum des Bürgervereins.

Die Günzel-, Klempau- und Mollweidekinder von der Karlshöhe als das Gelände zwischen Blumenweg und Unter den Linden noch ein Kornfeld war. Das Foto entstand Anfang August 1936.

„Auf geht's zum Vogelschießen!" – im Sommer 1930 mit blumengeschmücktem Bollerwagen als Gefährt für die Kleinen an der Einmündung Am Haidberg in den Reinbeker Weg. Auf den Weg machen sich (von links): Barbara, Dieter und Jutta Barz, Ernst Werner und Marianne Günzel sowie Urte Barz.

Bis weit in die Sechzigerjahre hinein gab es noch viele offene, unbebaute Flächen in Wentorf, an vielen Stellen ein Paradies für Kinder. Rund um den Burgberg befand sich 1930 noch ein abenteuerliches Gelände, ideal zum Herumtoben (Bild oben), auf dem Teich am Grotensahl (Bild unten links) konnten auch die Kleinsten im Winter gefahrlos glitschen oder Schlittschuh laufen (Foto um 1965) und am Petersilienberg stand ein dichter Birkenhain, in dem es zu Ostern hervorragende Verstecke für die Ostereier gab. Foto von 1954.

Ende der Fünfzigerjahre war die Vespa ein Kultobjekt für viele Jugendliche. Ihr Besitz bedeutete Prestige und Beweglichkeit. Das Foto, das etwa 1960 entstand, zeigt Günther Feige vor seinem Elternhaus an der Reinhardtallee.

Ausflüge mit Freunden und Bekannten in die nähere Umgebung des Wohnortes prägten das Freizeitverhalten vieler Menschen in den Fünfzigerjahren. Das Foto von etwa 1955 zeigt eine Gruppe junger Wentorferinnen und Wentorfer bei einem Sonntagsausflug in den Harz.

Das Ringreiten als bäuerliches Reiterspiel wurde in Wentorf seit dem 19. Jahrhundert veranstaltet. Nach dem Zweiten Weltkrieg wurde ab 1949 versucht, das Ringreiten als Volksfest wieder aufleben zu lassen. Das gelang nur bis zum Jahr 1953, weil dann nicht mehr genügend Pferde zur Verfügung standen. Auf dem Bild ist der Umzug der Reiter durch die Hauptstraße zum Turnierplatz auf der Hauskoppel von Gross/Petersen an der Hamburger Landstraße zu sehen.

Vor dem Aufbruch zum Turnierplatz. Anne Kuhlow und Irmgard Barra sorgen für Stimmung. Rechts neben ihnen erkennt man Eduard Voß.

Sieger beim Ringreiten im Jahr 1949 wurde der erst 17-jährige Karl-Heinz Borchers.

In den Sechzigerjahren veranstaltete der Reitstall von Hacht jährlich auf dem Gelände hinter der Waldschänke am Wohltorfer Weg ein Reitturnier, an dem sich Jung und Alt beteiligten. Hermann und Albert von Hacht stellten 16 Pferde zur Verfügung. Auf dem Programm standen im Jahr 1961 eine Dressurprüfung und ein Springen über neun Hindernisse. 50 Reiterinnen und Reiter beteiligten sich in diesem Jahr an dem Turnier.

Um das Kulturleben in Wentorf haben sich u. a. diese drei Herren verdient gemacht. Dem Lehrer Johannes Grüschow (1896–1986, oben) hat Wentorf eine umfangreiche heimatgeschichtliche Sammlung zu verdanken, ein Grundstock des heutigen Gemeindearchivs. Der niederdeutsche Schriftsteller Fritz Specht (1891–1975, links) und der Maler Georg Greve-Lindau (1876–1963) haben mit ihrer Kunst weit über die Ortsgrenzen Wentorfs hinaus gewirkt.

In der Zeit der NS-Herrschaft wurde das christliche Erntedankfest in eine staatlich verordnete, auf germanischem Brauchtum beruhende Gemeinschaftsfeier umgedeutet, an der sich das ganze Dorf beteiligen musste. Das Foto wurde im Oktober 1935 in der Scheune der Alten Schule aufgenommen. Es zeigt Damen der NS-Frauenschaft beim Binden der Erntekrone.

Ein Umzug zum Entedankfest im Oktober 1933. Aus der Berliner Landstraße kommend biegt der Zug in die Hamburger Landstraße ein. Im Vordergrund sieht man Schülerinnen der Volksschule, dahinter die Lehrer Grüschow und Steinfatt.

Die Heimat entdecken!

Von Kiel bis Wien,
von Aachen bis Görlitz:
Entdecken Sie Alltagsgeschichten
aus Ihrer Heimatstadt!

Leben in der Großstadt …

Tauchen Sie ein in das quirlige Großstadtleben vergangener Tage. Spazieren Sie über breite Boulevards und stürzen Sie sich ins Nachtleben. Erkunden Sie ihre Stadt durch die Fensterscheiben einer Straßenbahn oder des ersten Käfers und bewundern Sie prächtig geschmückte Schaufenster.

… und ländliche Idylle

Wie sah das Leben in Ihrer Heimat aus, als die Bauern noch mit Pferden pflügten und jedes Dorf seinen eigenen Schmied hatte, jeder noch jeden kannte und das Leben sich zwischen Kirche, Wirtshaus und Wohnküche abspielte?

Erinnerungen an die Schulzeit …

Erinnern Sie sich noch an die Zeiten von Abakus und Schiefertafel, an Klassenausflüge oder den ersten Taschenrechner? Blicken Sie zurück auf große Klassen und gestrenge Schulmeister, entdecken Sie auf Klassenfotos Freunde und Bekannte von früher!

Gesellige Stunden im Verein …

Fußballclub und Schützenverein, Musikkapelle und Gesellenverein: Schauen Sie zurück auf Volksfeste und Turniere, Chorproben oder Prunksitzungen. Erinnern Sie sich an schöne Stunden und das gesellschaftliche Leben in Ihrer Heimat.

Kolibri 360 GmbH
Ferdinand-Jühlke-Straße 7
99095 Erfurt, Deutschland
produktsicherheit@kolibri360.de

Druck:
CPI Druckdienstleistungen GmbH
im Auftrag der
Kolibri 360 GmbH
Ferdinand-Jühlke-Str. 7
99095 Erfurt